LA FRANCE
𝕲𝖚𝖊𝖗𝖗𝖎𝖊𝖗𝖊,

ÉLÉGIES NATIONALES,

SECONDE ÉDITION,
CORRIGÉE ET AUGMENTÉE DE PIÈCES NOUVELLES.

PREMIÈRE LIVRAISON.

A PARIS,
CHEZ TOUQUET, LIBRAIRE,
GALERIE VIVIENNE,
ET LES MARCHANDS DE NOUVEAUTÉS.

JANVIER 1827.

OUVRAGES DU MÊME AUTEUR

QUI SE TROUVENT CHEZ LES MÊMES LIBRAIRES.

EN VENTE.

Le Cuisinier d'un grand homme, comédie satirique en vers; broch. in-32, 1826. Prix 25

Napoléon et la France guerrière, élégies nationales; broch. in-8°, papier satiné, 1826..... 1 25
(Cette édition est actuellement épuisée. Voyez plus bas.)

La Mort de Talma, élégie nationale, 1/4 de feuille in-8°.................................. 15

Napoléon et Talma, élégies nationales nouvelles, broch. in-8°.................................. 30
 Avec cette épigraphe :

  Car je chante la gloire, et non pas la puissance.

POUR PARAITRE INCESSAMMENT.

La France guerrière, 2e édition, entièrement refondue et augmentée de pièces nouvelles, 1 vol.

La Villéléïde ou la Jeunesse du Grand Homme, poëme héroï-comique, avec cette épigraphe:

  C'est Achille à *Scyros*, c'est Villèle à Bourbon.

La France Guerrière,

ÉLÉGIES NATIONALES.

LA FRANCE
CHEVALIER.

ÉLÉGIES NATIONALES,

Par Gérard.

SECONDE ÉDITION,
CORRIGÉE ET AUGMENTÉE DE PIÈCES NOUVELLES.

A PARIS,
CHEZ TOUQUET, LIBRAIRE,
GALERIE VIVIENNE,
ET LES MARCHANDS DE NOUVEAUTÉS.

JANVIER 1827.

Imp. de DAVID, 6, boul. Poissonnière.

A BÉRANGER.

De mes rêves brillans douce et frêle espérance,
Ces chants, que produisit un trop rare loisir,
    C'est au poète de la France,
C'est à toi, Béranger, que j'ose les offrir !
J'aurais pu, leur donnant un essor moins rapide,
    Les rendre plus dignes de toi;
    Mais ma Muse a pâli d'effroi
    Devant un avenir perfide.
Pourtant, daigne sourire à ses faibles essais !

Par leur patriotisme ils te plairont peut-être,
Et puissent-ils en moi te faire reconnaître
Sinon un bon poète, au moins un bon Français !
Je le suis, car tes vers plurent à mon enfance,
Car je chéris tes chants nobles ou gracieux,
  Car je sens se mouiller mes yeux,
  Quand ils nous parlent de la France.

Épouvanté de ses revers,
 Mais animé par ses victoires,
 C'est à ses malheurs, à ses gloires,
 Que j'ai voué mes premiers vers.
Plus de succès peut-être attendaient ma jeunesse,
  Si leur vol moins audacieux
  Eût su flatter de sa bassesse
  D'autres autels et d'autres dieux;
 Mais, à ton idole chérie,
 Ma Muse a consacré ses jours :
 Un sourire de la Patrie
 Vaut mieux que la faveur des cours.

3

Qu'ils partent, je les abandonne,
Ces vers, poétiques enfans,
Soit qu'on leur garde une couronne
Ou qu'on enchaîne leurs accens ;
Car déjà l'horizon menace,
Et le but désiré s'efface
Parmi des nuages sanglans !

* * *

Qui les amoncela ? Quel effrayant murmure
A répandu l'effroi dans nos murs attristés ?
Quel monstre osa flétrir de son haleine impure
L'espoir de la patrie et de nos libertés ?
Ah ! déjà ton courage a connu sa puissance,
  Et sa fureur, plus d'une fois,
  A su livrer ton innocence
  Aux fers dont on pure les lois.

* * *

Mais que dis-je ? Ces fers, ils m'attendent peut-être,
Car le monstre odieux nous a tous menacés :

4

Le disciple comme le maître
Se verront réunis dans ses liens glacés;
Il suffit, pour s'en rendre digne,
D'aimer la patrie et ses droits,
Et sa lâche fureur étouffera la voix
Du faible passereau, comme celle du cigne.

Pour mon noble pays, dont il voudrait ternir
La liberté, les lois, l'histoire,
J'avais conçu pourtant un plus doux avenir;
Mon espoir quelquefois y répandit la gloire,
Et crut y découvrir ces tableaux de victoire,
Dont la morte splendeur n'est plus qu'un souvenir;
Mais, plus tard, j'écartai ces images flatteuses,
Et, modeste en mes vœux, que je plaçai plus bas,
Je rêvai seulement (que ne rêve-t-on pas?)
Que la France était libre, et qu'elle était heureuse.

✦

Était-ce trop?—Hélas! j'oubliais ses malheurs,
J'oubliais cette ligue à sa perte acharnée,

Qui voudrait, à son char la sentant enchaînée,
Triompher de sa chute, et rire de ses pleurs;
Puis, sous un joug honteux, avilie, haletante,
Veuve de ses honneurs pour jamais effacés,
  L'ensevelir toute expirante
  Dans la poudre des temps passés.

Béranger, à l'aspect de la France épuisée,
Alors tu gémirais sur ta lyre brisée,
Et, comme le pouvoir ne peut te pardonner,
  Il ne resterait dans nos villes
Que des serfs, pour te plaindre en regrets inutiles,
  Et des tyrans pour t'enchaîner !

Avant ce temps cruel, dont j'aperçois l'aurore,
Avant que notre voix ne t'implore qu'en vain,
  Des chants, ô poète divin !
  La France t'en demande encore !
Ce noir présage alors fuira loin de nos cœurs,

Bercés dans un songe de gloire ;
Ainsi qu'aux temps passés, nous nous croirons vainqueurs,
Et pour un avenir nous prendrons leur mémoire.

Mais non, craignons plutôt d'endormir nos esprits
    Sur les dangers qui nous menacent :
    Que d'autres images se placent
    Dans tes énergiques écrits !
Que devant nous, surpris en sa marche perfide,
Le crime comparaisse, hypocrite et livide ;
Qu'à l'aspect effrayant de ses sombres projets,
    Dans tous les cœurs vraiment français
    Le patriotisme s'éveille !
Qu'on s'écrie : *Il est temps ! Il est temps !* Et, tout bas,
Que la voix du *Sergent* murmure à notre oreille
Ces mots : *Dieu, mes enfans, vous donne un beau trépas !*

PROLOGUE.

Je ne suis plus enfant : trop lents pour mon envie,
Déjà dix-sept printemps ont passé dans ma vie :
Je possède une lyre, et cependant mes mains
N'en tirent dès long-temps que des sons incertains.
Oh ! quand viendra le jour où, libre de sa chaîne,
Mon cœur ne verra plus la gloire, son amour,
Aux songes de la nuit se montrer incertaine,
Pour s'enfuir comme une ombre aux premiers feux du jour.

8

J'étais bien jeune encor, quand la France abattue
Vit de son propre sang ses lauriers se couvrir;
Deux fois de son héros la main lasse et vaincue
Avait brisé le sceptre, en voulant le saisir.
Ces maux sont déjà loin : cependant sous des chaînes
Nous pleurâmes long-temps notre honneur outragé;
L'empreinte en est restée, et l'on voit dans nos plaines
Un sang qui fume encor..., et qui n'est pas vengé!

Ces tableaux de splendeur, ces souvenirs sublimes,
J'ai vu des jours fatals en rouler les débris,
Dans leur course sanglante entraîner des victimes,
Et de flots d'étrangers inonder mon pays.
Je suis resté muet; car la voix d'un génie
Ne m'avait pas encor inspiré des concerts;
Mon âme de la lyre ignorait l'harmonie,
Et ses plaisirs si doux, et ses chagrins amers.

Ne reprochez donc pas à mes chants, à mes larmes
De descendre trop tard sur des débris glacés,
De ramener les cœurs à d'illustres alarmes,
Et d'appeler des jours déjà presque effacés:
Car la source des pleurs en moi n'est point tarie,
Car mon premier accord dut être à la patrie;
Heureux si je pouvais exprimer par mes vers
La fierté qui m'anime, en songeant à ses gloires,
Le plaisir que je sens, en chantant ses victoires,
La douleur que j'éprouve, en pleurant ses revers!

Oui, j'aime mon pays: dès ma plus tendre enfance,
Je chérissais déjà la splendeur de la France;
De nos aigles vainqueurs j'admirais les soutiens;
De loin, j'applaudissais à leur marche éclatante,
Et ma voix épelait la page triomphante
Qui contait leurs exploits à mes concitoyens.

Mais bientôt, aigle, empire, on vit tout disparaître!
Ces temps ne vivent plus que dans le souvenir;

L'histoire seule un jour, trop faiblement peut-être,
En dira la merveille aux siècles à venir.
C'est alors qu'on verra dans ses lignes sanglantes
Les actions des preux s'éveiller rayonnantes.....
Puis des tableaux de mort les suivront, et nos fils
Voyant tant de lauriers flétris par des esclaves,
Demanderont comment tous ces bras avilis
Purent en un seul jour dompter des cœurs si braves?

Oh! si la lyre encor a des accens nouveaux,
Si sa mâle harmonie appartient à l'histoire,
Consacrons-en les sons à célébrer la gloire,
A déplorer le sort fatal à nos héros!
Qu'ils y puissent revivre, et si la terre avide
Donna seule à leurs corps une couche livide,
Élevons un trophée où manquent des tombeaux!

Oui, malgré la douleur que sa mémoire inspire,
Et malgré tous les maux dont son cours fut rempli,

Ce temps seul peut encor animer une lyre :
L'aigle était renversé, mais non pas avili ;
Alors, du sort jaloux s'il succombait victime,
Le brave à la victoire égalait son trépas,
Quand, foudroyé d'en haut, suspendu sur l'abime,
Son front mort s'inclinait,.... et ne s'abaissait pas!

Depuis, que rien de grand ne passe, ou ne s'apprête,
Que la gloire a fait place à des jours plus obscurs,
Qui pourrait désormais inspirer le poète,
Et lui prêter des chants dignes des temps futurs ?
Tout a changé depuis : ô France infortunée !
Ton orgueil est passé, ton courage abattu !
De tes anciens guerriers la vie abandonnée
S'épuise sans combats, et languit sans vertu !
Sur ton sort malheureux c'est en vain qu'on soupire,
On fait à tes enfans un crime de leurs pleurs,
Et le pâle flambeau qui conduit aux honneurs
S'allume à ce bûcher, où la patrie expire.

Oh! si le vers craintif de ma plume sorti,
Ou si l'expression qu'en tremblant j'ai tracée,
Osaient, indépendans, répondre à ma pensée,
Et palpiter du feu qu'en moi j'ai ressenti,....
Combien je serais fier de démasquer le crime,
Dont grandit chaque jour le pouvoir colossal,
Et, vengeant la patrie outragée et victime,
D'affronter nos Séjans sur leur char triomphal! —
Mais on dit que bientôt, à leur voix étouffée,
Ma faible muse, hélas! s'éteindra pour toujours,
Et que mon luth brisé grossira le trophée
Dressé par la bassesse aux idoles des cours....

Qu'avant ce jour encor sous mes doigts il s'anime!
Qu'il aille, frémissant d'un accord plus sublime,
Dans les cœurs des Français un instant réchauffer
Cette voix de l'honneur, trop long-temps endormie,
Que, dociles aux vœux d'une ligue ennemie,
L'intérêt ou la crainte y voudraient étouffer!

LA VICTOIRE.

I.

Au sein des vastes mers, un aride rivage,
Contre qui vient mugir la colère des flots,
Se hérisse de rocs, effroi des matelots,....
Du Corse belliqueux c'est le réduit sauvage :
Là naguères le Sort, allumant un flambeau,
Du bord presque ignoré consacra la mémoire ;
  C'est là qu'un jour on vit la gloire
  Apparaître auprès d'un berceau.

C'était un jeune enfant: d'une illustre naissance
Rien à l'entour de lui n'annonçait l'opulence;
Il sommeillait tranquille, et l'arrêt du Destin
N'avait point déposé dans sa tremblante main
Le facile pouvoir d'un sceptre héréditaire;
Rien qui d'un roi naissant annonçât la splendeur.
N'environnait sa couche, où veillait une mère....
Rien!... L'avenir tout seul contenait sa grandeur!

La déesse, aux regards de la mère étonnée,
Déroula de son fils toute la destinée,
  Et parmi des brouillards obscurs,
  Lui montra sur d'autres rivages
Des fêtes, des combats, vaporeuses images,
  Qui dévoilaient les temps futurs:
Ses avides regards étaient fixés encore,
Quand le divin tableau tout à coup s'évapore;
Puis un funèbre son retentit à l'entour....
Elle écoute...; ses yeux se remplissent de larmes;—
  C'était le bruit d'un salut d'armes,
  Et le roulement du tambour!

II.

Qu'il fut doux, le premier sourire
De la tardive liberté!
L'homme accueillit avec délire
Sa naissante divinité :
Alors, dans le transport d'une joie unanime,
Aux rayons d'un nouveau soleil,
La France s'éveilla, comme d'un long sommeil :
Ce fut un rêve encor.... mais il était sublime!

Que ce moment fut beau! Que du peuple français
L'espérance fut noble et fière!
Qu'il fut prompt à saisir cette pure lumière,
Qui de ses yeux bientôt disparut pour jamais! —
Alors, on vit surgir un plus sombre génie;
Alors, on entendit tout un peuple en courroux
Crier : *Mort à la tyrannie!*
Les grands ne semblent grands qu'aux hommes à genoux!
Levons-nous!

La carrière des camps s'ouvrit brillante encore ;
 Sortant de leur obscurité,
D'héroïques talens s'empressèrent d'éclore
 A la voix de la liberté :
Mais, puissante au-dehors, la patrie égarée
Par ses fils au-dedans se sentait déchirée ;
Insigne révéré d'une fausse grandeur,
Un trône à tous les yeux étalait sa splendeur.....
 Mais sous la pourpre impériale
Des chaînes à ses mains imprimaient leur affront,
 Et la couronne triomphale
Cachait les maux sanglans qui dévoraient son front.

La licence usurpa la place
 De la divine liberté ;
 Émerveillés de sa beauté,
 Les hommes marchaient sur sa trace....
 Mais ses sourires séducteurs
 Cachaient des piéges homicides,
 Et ses embrassemens perfides
 Étouffaient ses adorateurs !

III.

Un régime nouveau, favorable à la France,
A ses fils désolés ramena l'espérance,
   Sans ramener la liberté :
Cependant d'un tyran la tête abominable
Teignit aussi de sang l'échafaud redoutable,
Que ses proscriptions avaient alimenté!

A peine revenu de ces horreurs profondes,
Le vaisseau de l'état voguait au gré des ondes,
Et, privé de pilote, abaissant son orgueil,
Flottait de gouffre en gouffre, et d'écueil en écueil.
Un grand homme paraît : il commande à l'orage,
Des passagers surpris ranime le courage,
Et tous ceux qu'il arrache aux destins irrités,
Pour prix de leur salut, cèdent leurs libertés.

Brisant ces libertés, qui n'étaient plus qu'un rêve,
Sur le sceptre conquis il dépose son glaive;
La France à lui s'enchaîne, et grandit sous sa loi;

Ainsi jadis, aux bords du Tibre,
Il fallait des Brutus avec le peuple-libre,
Il fallut un César avec le peuple-roi.

Mais César se croit Dieu, car il voit qu'on l'adore;
Au point le plus sublime, il est trop bas encore;
Il se trouve à l'étroit dans ses vastes états.
Et, pour laisser régner sa grandeur solitaire,
  Il voudrait étreindre la terre,...
  Dût-elle éclater dans ses bras.

Pour parvenir au but où son orgueil aspire,
Pour couvrir l'attentat fait à la liberté,
  Sur une autre divinité
Il concentre l'amour des Français en délire :
  Aux sons du clairon belliqueux,
  Ils accourent sous ses bannières;
  Partout ils vont audacieux
  Briguer ses faveurs meurtrières :
  Car pour prix d'un noble trépas
  Elle leur offre de la gloire....
  C'est Bellone! c'est la Victoire!
  C'est la déesse des combats!

IV.

La voyez-vous sans cesse, animant leurs cohortes,
Avec ses ailes d'or, sur leurs pas s'élancer,
  Des cités leur ouvrir les portes,
Et, comme la terreur, souvent les devancer;
A leurs regards charmés, oh! qu'elle est douce et belle!
  Elle a des prix pour leurs exploits;
  La flamme en ses yeux étincelle,
  Et ses yeux dévorent les rois!

Napoléon, dont le courage
  Sut la fixer à ses drapeaux,
  Victorieux sur un rivage,
  Vole à des rivages nouveaux;
  Image du dieu de la guerre,
Sa force et son ardeur grandissent sous les yeux;
Il marche, et tout s'enfuit : son pied frappe la terre
Qui vomit des guerriers sous ses pas belliqueux;
  C'est son œil qui lance la foudre,
  Son bras qui fait briller l'acier,
  Et son aigle arrache à la poudre
  Le rameau sanglant du laurier!

Oh! qui pourra chanter ses conquêtes rapides?
Qui pourra consacrer des accords assez beaux
  A ses actions intrépides,
  A ses exploits toujours nouveaux? —
Où sont ces ennemis, qui, vainqueurs en idée,
Se partageaient la France en espoir dégradée....
Demandez-en les noms à la nuit des tombeaux!

V.

Les Alpes... ne sont plus! L'Italie... est vaincue!
Le Brennus colossal est dans Rome abattue!
La balance d'airain, qu'un glaive a fait baisser,
Reçoit l'or, qu'en son sein versent des mains dociles,
  Car elle n'a plus de Camilles
  Assez forts pour la renverser.

Egypte! c'est l'Égypte! — Et des bras intrépides
  Ont conquis ces climats brûlans,
  Et le sang des fiers Musulmans,
  Engraisse les sables arides :
De nos soldats vainqueurs les déserts sont peuplés...

Quarante siècles assemblés
Les contemplent des Pyramides!

Que dirai-je de plus ?.... Tout a subi nos lois!....
Les discordes partout languissent étouffées;
Nos guerriers ont bravé les chaleurs et les froids,
Partout ils ont jeté de superbes trophées,
Et l'avenir s'effraie en comptant leurs exploits.

VI.

Comme au soleil couchant cette ville étincelle!
De ses grands monumens que la structure est belle!
L'or fait briller au loin les toits de ses palais.... —
C'est Moscou! c'est Moscou! — France, encor de la gloire!
　　C'est le plus beau de tes succès!
C'est Moscou! quelle page attachée à l'histoire!
Que d'immortalité dans ce cri de victoire!

LA RUSSIE.

I.

Arrête, esprit sublime! arrête!
Du sort crains de braver les lois!
Dieu qui commande à la tempête
L'agite sur le front des rois;
Son bras pourra réduire en poudre
Ton laurier, qu'on croit immortel,...
Et tu t'approches de la foudre,
En t'élançant aux champs du ciel.

Silence! La Nuit veille encore.
Les arrêts du Destin ne sont pas révolus :
Mais à l'ombre qui fuit succédera l'aurore,..
Et celle d'Austerlitz ne reparaîtra plus !

Dans le palais des Czars, Napoléon repose : —
Sans doute un songe heureux, sur ses ailes de rose,
D'héroïques tableaux vient bercer son espoir : —
Il est là ! dans Moscou soumis à son pouvoir !...
Mais ce n'est pas assez : quand pour lui tout conspire,
Quand d'un nouvel éclat toît son astre a relui,
Un destin plus brillant a de quoi le séduire...
Cet empire dompté... Qu'ai-je dit ? Un empire !
Le monde entier, le monde... et c'est bien peu pour lui.

II.

Mais, qu'il rêve d'éclat ! qu'il rêve de conquête !...
Il ne dormira plus d'un semblable sommeil :
Près du chevet royal où repose sa tête,
Le malheur est debout,... et l'attend au réveil !

Le malheur! il grandit à la faveur de l'ombre;
Bientôt le sol gémit sous son colosse affreux,
Son œil rouge étincèle au sein de la nuit sombre,
  Et sur son front cadavéreux,
  Qu'un sanglant nuage environne,
Brille de longs éclairs, une horrible couronne.
Il vomit l'incendie; aux traces de ses pas,
  De sang noir un fleuve bouillonne,
Et ses bras sont chargés de neige et de frimats.

Il s'élance!—On s'éveille, on voit,.... on doute encore!
D'un premier jour de deuil épouvantable aurore,
Quelle clarté soudaine a frappé tous les yeux?
La flamme à longs replis s'élance vers les cieux,
Gronde, s'étend, s'agite, environne et dévore.
Oh! de quelle stupeur Bonaparte est frappé,
Quand devant lui Moscou s'écroule, enveloppé
De l'incendie affreux, que chaque instant rallume!
Qu'un triste sentiment doit alors l'émouvoir!....
C'est son triomphe, hélas! ses projets, son espoir,
Qu'emporte la fumée, et que le feu consume!

III.

Son front s'est incliné : d'un brillant souvenir
Il veut en vain flatter sa pensée incertaine....
Mais le passé n'est plus qu'une image lointaine
    Qui s'abîme dans l'avenir !

Peut-être d'autres temps lui présentaient naguères
Du pouvoir des humains les splendeurs passagères,
Des sceptres, des bandeaux, sublimes attributs;... —
Hélas ! au jour du deuil tout souvenir s'efface ;
Quand l'avenir est là, qui gronde, qui menace,
L'image du bonheur n'est qu'un tourment de plus !

Cet avenir,... ô France! ô ma noble patrie !
Toute sa profondeur bientôt se déroula :
Quelle est la nation qui n'en fut attendrie?
    Quel est l'homme qui n'en trembla ?
Et tel fut le destin dont tu tombas victime,

Que l'on ignore encor si, du fond de l'abîme,
Jalouse de ta gloire, et croyant la ternir,
La haine de l'enfer amoncela l'orage,...
Ou, du trop de grandeur dont tu fis ton partage,
Si l'équité du ciel prétendit te punir !

IV.

Dans cette héroïque retraite,
Qui des guerriers français a moissonné la fleur,
    L'enfer ou le ciel fut vainqueur.......
Mais nul pouvoir humain n'eut part à leur défaite. —
C'est en vain que du Nord les hideux bataillons,
    Palpitans d'une horrible joie,
Fondaient sur les mourans en épais tourbillons,
    Comme des corbeaux sur leur proie : —
Ardens, ils s'élançaient : mais, au bruit de leurs pas,
    De quelque arme usée ou grossière
L'agonie un instant armait son faible bras,
Par un dernier effort, s'arrachait à la terre,
    Que de morts elle allait couvrir....
    Et dans cette couche guerrière
    Exhalait le dernier soupir !

Ô GLOIRE ! A cet aspect de la mort ranimée,
Des preux, dont le trépas semble encor menacer,
L'ennemi dans ses rangs vient de laisser passer
  Les lambeaux de la Grande Armée :
Tant qu'il reste des bras pour soutenir son poids,
La bannière voltige à l'entour de sa lance,
L'aigle triomphateur dans les airs se balance,
Et sa menace encor fait tressaillir les rois !
O Russes, déjà fiers des triomphes faciles
  Que votre espoir s'était promis,
  Il ose à vos regards surpris
Passer, toujours debout sur ses appuis mobiles ! —
Mais, hélas ! contre lui si vos efforts sont vains,
Bientôt votre climat vengera votre injure,
Rassurez-vous : celui qui vainquit les humains
  Est sans pouvoir sur la nature !

V.

Eh bien ! c'en est donc fait !... Nos compagnons sont mort
Ils dorment aux déserts de la froide Russie,
La neige des hivers sur eux s'est épaissie,
Et, comme un grand linceul, enveloppe leurs corps !
Bien peu furent sauvés : mais combien la patrie

Dut réveiller d'amour en leur âme attendri !
Ils avaient vu sur eux tant de ciels étrangers,
Supporté tant de maux, couru tant de dangers,
Qu'ils dûrent bien sentir, en revoyant la France,
Si la terre natale est douce après l'absence ! —
Mais leur enchantement fut bientôt dissipé,
La haine, la discorde agitaient nos provinces,
D'autres temps en nos murs amenaient d'autres princes,
Et le présent payait les dettes du passé.

FONTAINEBLEAU.

I.

Ô mes concitoyens, que notre histoire est belle!
De quels récits brillans elle enivre nos cœurs!
Que de fois elle y va, par ses accens vainqueurs,
D'un courage endormi réveiller l'étincelle!
Dans ses feuillets brûlans si l'œil erre parfois,
Un charme impérieux de plus en plus l'engage,
  Et l'entraîne de page en page,
De triomphe en triomphe, et d'exploits en exploits :
On ne respire plus; la paupière attendrie
  Roule une larme de plaisir,
Et, plein du noble orgueil qui vient de le saisir,
Tout le Français palpite, et dit : « C'est ma patrie! »

Mais, plus on fut sensible à ses honneurs passés,
Plus du revers qui suit la lecture est amère;
Plus on gémit de voir ses beaux jours effacés,
Et ses aigles sacrés traînés dans la poussière.
Que l'on maudit alors les citoyens ingrats!
  Qui trafiquèrent de ses larmes;
Car en ce temps l'honneur ne quitta point ses armes,
Et son abaissement ne la dégrada pas :
Non, ses mourans efforts, consignés dans l'histoire,
  Y brilleront d'assez d'éclat
Pour lui recomposer une nouvelle gloire :
Mais, pour les hommes vils qui vendirent l'état,
Clio gardera-t-elle une page assez noire?
  Ah! si du dernier scélérat,
Dans ses tableaux vengeurs la place est assignée,
Plus bas, plus bas encor, qu'elle ose les placer;
Et, quel que soit leur rang, que la page indignée
Ne reçoive leurs noms, que pour les dénoncer!

II.

Oui, sans la trahison de ces hommes perfides,
Qui, par l'or des tyrans depuis long-temps soumis,

L'ACADÉMIE,

COMÉDIE SATIRIQUE EN VERS;

Par GÉRARD.

Personnages : MM. Roger, Raynouard, l'Endormi, Briffaut, Pariset, l'Académie-Invalide, le Pauvre du Pont des Arts, et l'Ouvrier de l'Arc de l'Étoile.

SECONDE ÉDITION

APPROPRIÉE A LA CIRCONSTANCE.

Prix : 1 f. 25 c.

A PARIS,

CHEZ TOUQUET, GALERIE VIVIENNE,

CHEZ DELAUNAY, ET LES LIBRAIRES DU PALAIS-ROYAL.

www.ingramcontent.com/pod-product-compliance
Lightning Source LLC
Chambersburg PA
CBHW060521050426
42451CB00009B/1103